İlişkiler

Michael LAITMAN

ISBN: 978-1-77228-086-9

© Laitman Kabbalah Publishers

YAZAR: Michael LAITMAN

www.kabala.info.tr

KAPAK: Laitman Kabbalah Publishers

BASIM TARİHİ: 2023

İçindekiler

GİRİŞ 2

YARATILIŞIN AMACI 4

KADIN VE ERKEK 12

KADININ DOĞASI 21

AİLE 25

YETİŞTİRME 34

UYUŞTURUCULAR 44

SEVGİYLE İLGİLİ 55

GİRİŞ

"Bilim ve kültürün gelişiminin yanı sıra, her nesil kendinden sonra gelen nesle, biriktirdiği ortak insanlık tecrübesini aktarır. Bu bellek bir nesilden diğerine, çürümüş bir tohumun enerjisinin yeni bir filize geçmesi gibi geçer. Belleğin aktarımında var olan tek şey, Reşimo veya enerjidir. Maddenin çürümesi gibi, insan bedeni de çürür ve tüm bilgi yükselen ruha aktarılır. Daha sonra bu ruh yeni bedene yerleşir ve bu bilgiyi veya Reşimo"yu hatırlar.

Genç bir çiftin çocuğunun dünyaya gelişinde tohumdan gelen bilgiyle, ölmüş bir insanın ruhunun yeni bir bedene geçerken beraberinde getirdiği bilgi, arasındaki fark nedir? Neticede anne ve baba hayatta ve çocukları da onlarla beraber yaşıyor! Hangi ruhlar, onların çocukları oldu?

Yüzyıllar boyunca tüm uluslar, doğal olarak sahip oldukları tüm bilgiyi miras yoluyla çocuklarına geçirmek için büyük bir arzu duydular. Onlara en iyi ve en değerli olanı aktarmak istediler. Bunu aktarmanın en iyi yolu yetiştirme tarzı, bilgiyi öğretmek, kutsal olduğu düşünülen fiziksel eylemler yöntemi ile düzenli toplum oluşturmaya çalışmak değildir.

Bir nesilden diğerine aktarım, manevî "paket" yoluyla olur. Dolayısıyla, kişinin en iyi olanı çocuğuna geçirmesinde en doğru yol, kendini ıslah etmesi ve bu şekilde tohumunu ya da ruhunu geliştirmesidir. Kişinin amacı ruhunun bedenini en ıslah olmuş şekliyle terk etmesi, olmalıdır.

Bu şekilde görürüz ki kişi ruhunun sahip olduklarını çocuğuna aktarır. Buna karşılık yetiştirme tarzıyla, toplumla veya herhangi başka bir yöntemle hiçbir şey aktaramaz. Aktarım, maddesel formlar şeklinde değil daha ziyade manevî yolla gerçekleşir."

Michael Laitman, *"Manevî Arayış"* kitabından bir bölüm.

YARATILIŞIN AMACI

Amacı olmadan Üst Güç tarafından dünyaya getirilmeyen hiçbir şey yoktur. Dolayısıyla gözlerimiz önündeki yaratılış için, bu gücün şüphesiz bir amacı vardır. Üst Güç tarafından açığa çıkarılan realite, çok çeşitlidir. Tüm bu çeşitlilikte idrakin özel bir önemi vardır. Bu idrak özelikle insana verilmiştir ve bu onun etrafındakilerin acısını algılamasına olanak verir. Dolayısıyla, eğer Üst Gücün bir yaratılış amacı varsa onun ana konusu insandır ve her şey insanın kaderine ulaşması yani ona hükmeden Üst Gücü hissetmesi için yaratılmıştır. Etrafındaki her şeyi algıladığı gibi onu da algılamalıdır.

Üst Güce yakınlaşmanın veya sevgi ve ihsan etme nitelikleri vasıtasıyla ona eşit olmanın sonucu olarak, kişide büyük bir haz ortaya çıkar. Bu haz Üst Güçle tam bir bütünlüğe gelir.

Tüm yaratılış alma arzusudur. Bu, eril köke sahip ihsan etme arzusu taşıyan Yaradan"a göre dişil kökü ifade eder. Yaratılış da eril ve dişil kısım olarak ikiye bölünmüştür. Eğer yaratılış ışığa eşit hale gelip onun gibi olursa, o zaman ona eril kısım denir. Diğer yandan, ışığı almadan kalır ve kendi için alırsa o zaman dişil kısım olarak adlandırılır. Tüm bunlar yaratılışın ıslahı içindir. Islahın yanı sıra doğal bir bölünme söz konusudur ki ilk dokuz *Sefirot* eril kısımdır

(Keter, Hohma, Bina, Hesed, Gevura, Tifferet, Netzah, Hod, Yesod), Malhut ise dişil kısımdır.

Bizim dünyamızdaher şey Âdem'in ruhunun 600.000 ruha bölünmesinin sonucunda meydana gelmiştir. Bu parçalar ıslah derecesi bakımından farklılıklar gösterir ve dönüşümlü olarak dişil veya eril rol üstlenir. Bu, bazen sağ çizgiden gitmek (ihsan etme veya eril kısım) ve bazen de sol çizgiden (almak veya dişil kısım) gitmek demektir. Tora"ın (Işık) tüm adları merdivenin basamakları boyunca edinilen manevî edinimlerdir. Ancak, her bir adı edinmek için, bazı zamanlar sağ çizgiyi temsil eden eril rolü oynamak bazı zamanlar da sol çizgiyi temsil eden dişil rolü oynamak gereklidir. Örneğin, Firavun, Musa, İsrail ve dünya milletleri seviyelerinde hem eril hem dişil kısmın ikisi de vardır, fakat her ad bir kereliğe mahsustur ve belli bir seviyede edinilir.

Erkek ve kadın, *Atzilut* dünyasındaki *Zer Anpin* ve *Malhut* arasındaki ilişkinin, vücut bulmuş halidir. Birbirlerine olan bağın özü ve seviyesi, o seviyeye belli bir ad verir. Dişil ve eril evreler tüm 125 manevî derecede değişmeyen evrelerdir.

Ortak kap (*Kli*) iki parçaya bölünmüştür. Bunlardan biri ileriyi hedef alır. Bu *Galgalta ve Eynaim*"dir. Diğer kısım ileriyi hedef almaz; bu ortak ruhun *AHP*'dır. Bunun yanı sıra, *AHP* 70 parçaya ayrılır ve tüm bu parçalar dişil ve eril parçalara ayrılır. Var olan şey, çok sayıda grubun ve niteliğin ortaya çıkmasıdır. Ortak ruhun, eril ve dişil parça olarak bölünmesi çok belirgindir.

Dişi ruh, eril olana zıt olarak daha çok ıslah ortaya koyan bir ruhtur. Varlığımız boyunca birçok reenkarnasyondan (yeniden bedenlenme) geçeriz (*Gilgulim*) ve bu hayata birçok defa geliriz. Her seferinde hayattan Reşimot veya acı tecrübeler biriktiririz. Biriktirdiğimiz tüm acılar bizi manevî edinime karşı daha hassas hale getirir.

Önceki reenkarnasyonumuzda, öyle bir noktaya ulaşmışız ki maneviyata karşı istek duyan bir anlayışa gelmişiz. Bu yüzlerce reenkarnasyonun sonucudur. Hem ortak bir ıslah hem de bireysel ıslah vardır. Bir reenkarnasyon dönemi sonucunda bu dünyadayken, Mahsom"u (manevî dünyayı bizim dünyamızdan ayıran sınır) geçmeden ve bu dünyanın algısını terk etmeden önce, hangi tip bedende (dişi veya eril) olduğumuz önemlidir.

Daha sonra, ruh Mahsom"u geçtikten ve Üst Dünyaların algısını edindikten sonra, artık kadın veya erkek olmasının önemi kalmaz. Hepimiz birer Kabalist olacağız zira ruhun cinsiyeti yoktur. Elbette, ruhlar arasında farklar vardır, fakat bu cinsiyete bağlı değildir. Fark, her bir ruhun ortak ruhtaki yeriyle ilgilidir.

Soru: Tüm halk, uluslar, bireyler yaratılış amacına ulaşacak mı? Ya da ırka, milliyete, cinsiyete, yaşa göre bir ayırım var mı?

Yaradan, Yarattıklarını cansız, bitkisel, hayvansal ve insan doğasında yarattı. Cansız doğa en aşağıda, insan doğası ise en yüksekte olandır. Bunun yanı sıra tüm doğa yukarıdan aşağıya iki cinsiyete ayrılmıştır.

İnsan tüm geri kalan doğadan farklıdır, çünkü onun amacı bağımsız olarak yaratılış amacına ulaşmaktır. Doğanın diğer parçaları, insanla beraber yaratılış amacına, sonsuzluğa ve mükemmelliğe yükselir. Bu demektir ki onlar, insana bağlıdır. Buna rağmen, herkes yaratılış amacını edinecektir. İnsanlar arasında dışsal ve içsel kısımların yanı sıra seviyelerine göre de bir bölünme olacaktır. (Bu konuyla ilgili detaylı bilgiyi *Zohar Kitabı'na Giriş* veya Kabalist Laitman"ın *Zohar Kitabı*"ndan bulabilirsiniz.)

Yaratılışın dişil ve eril parçaları tüm evreni aşağıdan yukarıya böler ve karşılıklı olarak birbirlerine paralel ve zıttır. Birbirlerini tamamlarlar fakat hiçbir zaman birbirlerinin görevini kopyalamazlar. Ancak dişiler, çoğunlukla erkeklerin işleyişine sahip çıkar. Yaratılışta dişil görev nedir? Zamanımızdan önce sadece seçilmiş erkeklerin Kabala çalışmasına izin verilirdi. Şimdi ise, daha önceki Kabalistlerin çok önce söylediği ve Kabalist Yehuda Aslag"ın yazdığı gibi, herkes Kabala çalışabilir; istisnasız herkes. Elbette bunun içinde kadınlar da var. Dünyamızdaki cinsiyet ayrımı sadece manevî köklerden gelen ayırımdan kaynaklanır. Dolayısıyla Kabalistik bilginin edinilmesi ve çalışılması metodu, kadın ve erkek için farklılık gösterir ve bu sebeple ayrı olarak çalışılmalıdır. Tüm derslerimiz internet ve telefon sistemi üzerinden çevrilmektedir. Bunları dinlemek tüm hizmetlerimiz gibi, ücretsizdir. Bir kadın, bir erkeğin yaptığı gibi Kabala çalışabilir ve Üst Dünyaları edinebilir.

Soru: Eğer her şey sürekli değişiyorsa, dünya varlığını nasıl sürdürüyor?

Dünya bugün de varlığını aynı şekilde sürdürmeye devam edecek. Şimdi bile her birimiz, düşüncelerimizde, algımızda, şüphelerimizde ve kararlarımızda bir değişimden geçiyoruz. Dünya, aradaki safhaları hızlandırarak, amaca doğru ilerlemektedir.

Bugün, insanlar yaşamları boyunca birçok kez mesleğini değiştirmektedir. Gelecekte "profesyonel" kavramı var olmayacak. Dün öğrendiğiniz şeyler bugün geçerliliğini kaybedecek. Bilimde ve teknolojide büyük bir yenilenme olacak ve bu şekilde her gün yeni bilgiler edineceğiz. Kolaylıkla bir şey için diğerinden vazgeçeceğiz. "Üniversiteyi bitirdim, dolayısıyla belirli bir mesleği yapmaya hazırım" gibi bir "profesyonel" anlayış var olmayacak. Bu anlayış değişimin hızlı olmasından dolayı, artık işe yaramayacak.

Geçmişte nasıldı? "Bir köyde büyüdüm ve hayatım boyunca orada yaşadım." Bugün, her şeyin parçalandığını görüyoruz. Aileler ayrılıyor, insanlar iki üç kere evleniyor, çocuklarını farklı aile ortamında yetiştiriyor, meslek değiştiriyor, yer değiştiriyor ve bunun gibi birçok şey. Tüm dünya bir yere doğru gidiyor gibi görünüyor! Bunu bugün görebiliyor muyuz?

Bu neden oluyor? Bizi sürekli hızlı bir değişime iten şey, egoizmin gelişimidir. Realite için en iyi yol budur. Dünyadaki değişimler size dengesiz gibi gelse de, realitede durum bunun tersidir. Tüm bunlar, neden dünyanın dengesiz olduğunu idrak etmemizi sağlayacak.

"Haydi yavaşlayalım. Arabaları ve trenleri bırakalım. Hareket etmeyi bırakıp, bir önceki yüzyıla dönelim, her şey o zaman daha güzeldi."

20. yüzyıldaki filmlere bakalım. Herkes nasıl yavaş düşünüp, yavaş hareket ediyor. Onlara dikkatlice baktınız mı? Bu filmleri seyretmek için bile yeterli sabrımız yok. Bugün o zamanların romanlarını okuyan var mı? Genç nesil bundan 200 yıl önceki romanları okur mu? Hayır. Bu kitaplar tamamıyla farklı yapıdaki insanlar için yazıldı. Onlar, tüm hayatları boyunca bugünkü insanın iki günde

tecrübe ettiğini, edindiler. Bugünkü insana, onlar komik geliyor.

Dolayısıyla, tüm bu değişimler gelişen egoizmimize uyuyor. Aksi halde, bu büyük değişimler olmadan şu andaki egoizmimizi fark edemeyiz. Bugün egoizm, bir insanda her dakika bir parabol[1] gibi, daha hızlı gelişmektedir. Örneğin, her dakika 10 gramlık bir egoizm, bana eklenmektedir. Geçmişte bir önceki yüzyılda 10 gramlık egoizm ancak bir yılda bende gelişirdi ve şimdi bir gün içinde katlanarak gelişiyor. Bu durumda, ne yapabilirim? Fikrimi, eylemlerimi bir gün içinde 20 defa değiştirip, başka şey yapabilirim. Tüm bunları içimde büyüyen egoizmi idrak etmek için yapmalıyım. Ben istesem de istemesem de, tüm bunlar içimde değişikliğe sebep oluyor. Kendimizi bilhassa dolduruyor veya bunun olması için zorluyoruz, demek istemiyoruz. Doğanın, insanı buna ittiğini görüyoruz. Her geçen yıl bu daha da yoğunlaşacak ve hızlanacak.

Bu şekilde, geçmişte binlerce yıl süren değişim, bugün hızlanma sebebiyle, bir yılda olacak. Bunun sonucu olarak birkaç yıldır, tamamen farklı bir dünya algılıyoruz. Bir

---

[1] Bir düzlemde alınan sabit bir d doğrusu ile sabit bir F noktasından eşit uzaklıktaki noktaların geometrik yeri. Alıntı; Wikipedia.

önceki yüzyıldaki aynı zaman dilimini bugün aynı gözle görmüyoruz. Bugün bir yıl tamamıyla farklı bir ölçeğe sahip.

"...insanlık olgunlaşana kadar, bir şeyler olana kadar..." demek doğru değil. Bir sonraki yıl neler olacağını tahmin bile edemiyoruz. Hayat, tüm fantezileri ileriye götürüyor. Bu bir ritimdir.

Birçok insanın mesleğini, ailesini ve yerleşim yerini değiştirdiğini görebiliyoruz. Dünyada neler olduğuna bir bakın. İnsanlar her şeyi bırakıp, yeniden doğmuş gibi, tekrar yeni bir hayata başlıyorlar.

Bu neden oluyor? İnsanın içsel arzuları o kadar değişiyor ki önceki hayatından hiçbir şeyi yanında götürmek istemiyor. Tamamıyla farklı bir ülkeye yerleşip farklı bir hayata başlıyor.

Bir zamanlar, 200 yıl önce, bir insanla ilgili böyle bir şey düşünebilir miydik? Eğer bir şehirde doğduysanız, orada yaşardınız. Eğer babanız bir demirciyse, herkeste olduğu gibi, siz de öyle olurdunuz. Bugün insan aynı kalmıyor ve ilerlemeye devam ediyor. Bu şekilde dünya doğru yere daha hızlı ulaşacak. Gelişimden ve egoist arzuların bize getirdiklerinden korkmamalıyız. Bırakın bizi zorlasın, bu şekilde kötülüğü daha hızlı idrak ederiz.

KADIN VE ERKEK

Dünyamızda her şey, Üst Güçlerin bizim dünyamızı etkilemesi sonucu gerçekleşmektedir. Neler olduğunu anlamak için Üst Gücü, onun niteliklerini, kaderi ve amacı öğrenmek gereklidir.

Tüm dünyalar birbirine paraleldir. Bunun anlamı şudur, bir Üst Dünyada yer alan şey, onun altındaki dünyada da yer alır, fakat dünyaların yapısı farklı olduğundan, formlarda farklılık gösterir. Manevî dünyalar, manevî veya özgecil arzulardan, bizim dünyamız ise, egoist arzulardan oluşmuştur.

Tüm evren iki unsurdan oluşmuştur, Yaradan ve O"nun Yarattıkları. Yaradan demek, İhsan eden, Yüce Olan, Belirleyen ve Yaradan demektir. Yaratılan ise alan, bayağı olan ve takip edendir. Ancak bu anlayış, eksik hatta yanlıştır. Bunun sebebi şudur, Yaradan mükemmeldir ve kesinlikle Kadir-i Mutlaktır. O, hiçbir zaman O"na boyun eğen bir âlem yaratmayı tasarlamadı ve Yarattıklarının O"na köle olmasını istemedi. Tam tersi Yarattıklarına (varlıklarına) en yüksek dereceye ulaşmaları ve O"na eşit hale gelmeleri için, her türlü fırsatı vermek ister.

Yaradan ortaklıktan ve rekabetten korkmaz, çünkü O mükemmeldir. İnsan da mükemmel olmak için Yaradan"la eş olmayı, O"nun gibi yüce olmayı talep eder.

Bu, bizim dünyamızda henüz ifşa olmamıştır, doğanın ve yaratılış yasalarının elinde bir oyuncak gibiyiz, çünkü bizler ıslahın yolunu henüz bilmiyoruz. Dolayısıyla, bize Yaradan farklı ve yaratılış (alma arzusu), ihsan edenden daha aşağıdaymış gibi geliyor!

Ancak, erkek kısma "ihsan eden" ve dişi kısma da "alan" denmesine rağmen, bizim dünyamızdaki cinsiyetler arasındaki ilişkide belirsizlik vardır. Psikologlar, bu dünyadaki her şeyi erkeklerin yaptığını ve sonucunda da bunu sadece kadınların gözüne girmek için yaptıklarını, ileri sürerler. Bu şekilde, dışsal zayıflık olarak görünen kadın kısmı, erkekleri kazanmaları ve kazandıklarını da kadınların ellerine bırakmaları için, onları çalışmaya zorlar.

Hayvanların dünyasında da gözlemlediğimiz gibi, erkek dişiyi kazanmak ve onun için savaşmak zorundadır. Erkek aslan, dişisinden daha güzeldir, tavus kuşunun kuyruğu da dişisinden daha çok haz uyandırır. Bu bütün yaratılanlar için geçerlidir öyle ki birçok örnekte erkek dişisinin sevgisini kazanmak için hayatını bile verir.

Cinsiyetler arasındaki ilişkiyi tam anlamıyla anlamak için düşünmemiz gereken şey şudur, birinin diğeri üzerinde bir üstünlüğü yoktur, her iki taraf da birbirini tamamlayarak mükemmelliğe gelmek ister. Bunu ancak, herkes kendi görevini tam olarak yerine getirdiğinde başarabilirler.

Yaradan insanların, kendisi için almaktan onu Yaradan''la eş hale getirecek ihsan etmeye gelmeleri için böyle bir düzen kurmuştur.

Bize öyle geliyor ki, cinsiyetler arasındaki fark sadece dışsal ve hormonsaldır, öyle ki bir erkeği tıbbî ve hormon tedavisi yoluyla bir kadına dönüştürebiliriz. Ancak, aradaki fark bundan çok daha derindir ve ruhumuzun evrendeki köküne dayanmaktadır. Fark oradan gelir, bizler kadın ve erkek, değişik tipteki ruhlara sahibiz.

Kadın ve erkek ruhları farklı manevî köklere dayanır ve böylece dünyamıza farklı olarak enkarne (bedenlenmek) olurlar. Tüm bu farklılık, yaratılanlarda tür ve alt tür, sınıf ve alt sınıf farklılığında olduğu gibi, ruhların farklılığından kaynaklanır.

Manevî bir kök bizim dünyamızda kılıflanır ve bu formun içinde niteliklerini ortaya çıkarır, yani bedenimizin tüm nitelikleri, kişiliğimiz ve hakkımızda söylenecek her şey bu şekilde ortaya çıkar. Açık olarak söylemek gerekirse, bir ruhun kökü o insanın başkasından farklılığını belirleyen unsurdur.

Manevî sorumluluklardaki fark, yani erkeğin ve kadının ıslah yolunun farklılığı, manevî köklerinin farklılığından gelir. Farklılığımız, hayvansal bedenlerimizin içinde dışsal ve hormonsal farklılıklara değil köklerimize dayanır.

Ancak, feministler erkek ve kadın arasında fark olmadığını düşünürler ve her şeyde cinsiyetlerin eşit olmasını isterler.

Fakat herkes sonunda aynı ödülü elde eder. Bu, kadın veya erkek olmasına bağlı değildir. Kadın veya erkek, yukarıdan ona verilen ödülü alır.

Yaşadığımız dünyada, kadın ve erkeğin farklı görevleri vardır. Doğum yapmaktan daha yüce bir şey var mıdır? Bu Yaratılışa eş veya Yaradan'la eşitlik sağlayan bir eylemdir! Erkeğin bir şeyleri başarıp, eve getirmesi, kadının eviyle ilgilenme becerisi ve bu görev paylaşımı ortak çabamızın hazzına ters düşmez. Erkeğin tüm gururu kadına bir şeyler verebilmektir. Bunu yaparak onun kalbini kazandığını düşünür.

Erkeğin kendi ıslahı için, *Atzilut* Dünyasının *Partzuf*'unun *Zer Anpin*'le eşitliğe gelmesi gerekir. Kadın ise ıslah için, *Atzilut* Dünyasının *Malhut*'uyla eşitliğe gelmelidir. Islahı tamamladıklarında her ikisi de, Yaradan'ın tam ifşasını edinirler. Bunun sebebi şudur, tam ıslah seviyesinde, *Zer Anpin* ve *Malhut* tam bir birlik içindedir ve aynı Işığı ve nitelikleri paylaşırlar. Tam bir çözülmeyle birleşirler.

Bu seviyeler "Şarkıların Şarkısı"nda tarif edilmiştir ve Yaradan'la O'nun Yarattıkları arasındaki ebedi sevgiyi yansıtır.

Tartışmasız bugün, hem erkek hem de kadın ruhlarının gelişim sürecine tanıklık ediyoruz, fakat yine de bu süreç onların arasındaki ilişkiyi değiştirmeyecek. *Zer Anpin*"in gelişimi (Yaratılışın eril kısmının soyut örneği) manevî bir kaynakta ya da *Patzuf İma*"da gerçekleşir. *Malhut*"un gelişimi de *İma*"da yer alır, ama bunu *Zer Anpin* vasıtasıyla yapar. Tarih boyunca, kadın hak etmeyerek kendini küçültülmüş hissetmiştir. Bu durum üst köke dayanır. *Zer Anpin*, *Malhut*"tan önce yaratılmıştır, yani Âdem Havva"dan önce yaratılmıştır. *Zer Anpin*, *Malhut*"u ıslah eder. Işığı Üstten (Üst Derece) alır ve dişiye iletir. Prensipte kadının erkeği ve Yaradan"ı suçlaması "Kitrug Ayareyah"dan gelir veya "Ay"ın Şikâyeti" nden, bu Yaratılışın 4.gününde ayın, güneşle eşit olmadığı için Yaradan"a şikâyette bulunmasına dayanır. Cevap olarak Yaradan şöyle dedi: "Git ve kendini küçült." Bu şekilde Işığı *Zer Anpin*"den alarak, edin. Tüm bunlar, *Talmud*"un on *Sefirot*"unda açıklanmıştır. Havva"ya şöyle dendi, arzun kocan için olacak ve o sana hükmedecek. Tüm bu Üst kökleri anlamalıyız, çünkü onlar en ideal olanlardır. Dolayısıyla, ortak dengeyi bulmanın ve Yaradan"la birliğe gelmenin tek yolu, kadının ve erkeğin amacını dikkatlice incelemektir.

Soru: Erkek kadından hayvansal ihtiyaçlarını karşılamasını beklerken, kadın neden erkekten sevgi, ilgi, istikrar ve mevki bekler?

Dünyadaki varlıkların niteliklerini ve neler olduğunun özünü, sadece Üst Dünyaların köklerinden gelen içsel doğal nitelikleri çalışarak anlayabiliriz. Erkeğin kökü, *Atzilut* Dünyasının *Zer Anpin*'i dir. Kadının kökü ise erkeğin göğsündeki (*Hazeh*) bir noktadır. Tüm bunların kökünü öğrenmeden, yapabileceğimiz tek şey, dünyamızı inceleyerek bunların farklı verilerini sürekli genelleştirmektir. Bunlardan elde ettiğimiz sonuçlara göre, genel sonuçlar ve teoriler elde ederiz ve bilgilerimizi onlara dayandırırız, ta ki üzerinde çalıştığımız konuyla ilgili elde ettiğimiz yeni veriler, şimdiki teorimizi iptal edene kadar.

Yeni veriler biriktirerek, yeni teoriler elde ederiz. Gelecekte, yeni şartlar altında, ortaya koyduğumuz yeni teoriler de doğru olmayacak. Tüm bunların sebebi, dünya verilerini çalıştığımız içindir, yani dalların verilerini ve bundan hareketle bunların köküyle ilgili sonuçlar elde ediyoruz. Bilimin yaptığı şey de budur. Dolayısıyla, tüm bunlar Üst Dünyalarda yapay görünmektedir. Bizim dünyamızda, bilimin kanunları sürekli değişmektedir. Doğanın gerçek kanunlarını açığa çıkaramıyoruz. Elde ettiğimiz verileri genelleyerek, var olan doğa kanunlarıyla ilişkilendiriyoruz. Ancak, her zaman doğanın gerçek yasaları işler. Öyleyse, hepinize sesleniyorum, şair Choser"in yazdığı gibi: "Bırakın araştırmaları ve boş teorileri ve sorularımıza doğru cevap verin!" Bu sebeple, önce kökleri çalışıp ondan sonra dalları düşünelim.

Soru: Kabala"da Kadın parça erkek parçadan nasıl farklılık gösterir?

Malhut"un kendisi ya da Yaratılış kadında yansır. *Zer Anpin"*in ya da Yaradan"ın nitelikleri, erkekte ortaya çıkar. Dolayısıyla, kadının temel arzusu "sadece benim olan ve beni anlayan, her şeyden koruyan ve tüm içsel sorularıma cevap veren bir erkek bulmak" olan *Malhut"*un manevî kökünden gelir. Kadın başka bir şey istemez.

Öyleyse, eğer kadın bunları alırsa, bunu büyük bir doyum ya da mutluluk olarak algılar. Ancak, eğer Yaradan, kadını ilerletmek isterse, nihayetinde o da bir yaratılandır, o zaman kadın tüm bunlara karşılık, içinde büyük bir boşluk hisseder. Dolayısıyla, dünyamızda kadınlar, talep ettikleri hazzı onlara vermek istemeyen erkekler nedeniyle, acı çeker. Bu şekilde, kadınlar erkekler vasıtasıyla ıslah olur ve gelişirler.

Erkek, gelişiminde ve manevî çalışmasında Yaradan"la eşitliğe gelmelidir; yani ihsan etmelidir. Dolayısıyla, kadından bağımsız olur ve daha yüksek seviyeyi arar. Önceleri bunu teknolojide, mesleğinde, sanatta ve bilimde arar, daha sonra da Kabala"da arar. Elbette, Kabala çalışmayı kabullenmek ona, bir kadını kabullenmekten daha zor gelir çünkü hazzın yukarıdan geldiğini idrak etmesi onun için zordur. Ona her şey, bu dünyada gerçekleşiyormuş gibi gelir.

Erkek, Yaradan"ın ya da ihsan etmenin somut halidir, kadın ise ıslah olması gereken kabın somutlaşmış halidir. Bu şekilde, kadının manevî doğasından gelenlerle, hayvansal doğasından gelen şeyler, bu kabı paylaşır. *Talmud*'un *Sota* bölümünde şöyle denilmektedir: bir kadın, kocasının hükmü altındaki dokuz haz derecesinden, bir derecelik bir hazzı tercih eder.

Tüm ruhlar kadın ve erkek parçaya sahiptir, çünkü "genel ve bireysel aynıdır." Genelin içinde olan her ufak parçanın içinde de vardır. Aradaki fark şudur ki kadının ruhu erkek parçayı da içine alır (bir parça olarak) ve erkek parça da kadın parçayı içine alır. Islahın yolu ve metodu buna dayanır.

Peki, bu çalışma neden kadın ve erkek için fark gösterir? Çünkü kadın ruhunun ıslahında erkeğe oranla daha az bir çalışma gereklidir. Bir kadının manevî dünyayı edinmesi için, erkek kadar çok fazla çaba sarf etmesine gerek yoktur. On *Sefirot* çalışmasına ve sabah üçte ders dinlemesine gerek yoktur. Eğer kendi başına çalışacaksa veya bir başkasına öğretecekse, haftada bir gün çalışması Üst Dünyaları edinmekte ona yetecektir.

Erkeğin yapması gereken çabayla, kadının yapması gereken çaba arasındaki fark şaşırtıcıdır. Sonuç aynı olacaktır, bu erkek ve kadın ruhlarında bir önceki reenkarnasyonda (yeniden bedenlenmede) elde edilen birikimin sonucudur. Dahası, onların yolları da farklıdır. Ruhlar sadece manevî dünyada bağlanmaya ve birleşmeye başlar.

Bir kadının ruhu erkekten daha fazla ıslah olur. Bütün sorun kadından ziyade erkekten kaynaklanır. Bir erkek, kadın gibi Kabalist olabilir. Bu kişinin arzusuna bağlıdır. Her şey çabanın ölçüsüne veya arzunun büyüklüğüne bağlıdır.

Kadın ruhu dünyaya, bu yolda erkeklere yardım etmek ve onları maneviyata yakınlaştırmak için gelir. Dolayısıyla kadın ruhunun ıslahı destek olmayı da gerektirir. Kadınlar, Kabala çalışmasalar bile bu dünyadaki görevlerini yerine getirirler ama aynı şey erkekler için geçerli değildir.

Kural olarak, erkeklerin tersine, her hâlükârda kadın ruhu, olumlu işlevlerini yerine getirir. Eğer erkek Kabala çalışmıyorsa acı çekme yoluyla bu yolda ilerler. Bir kadının evli olup olmaması fark etmez. Hem bekâr hem de evli kadınlar *Mahsom*'u geçebilir. Oysaki erkekler, evlenmek zorundadır aksi halde ıslahının birçoğunu yerine getiremez. Fakat kadınlar için bu böyle değildir.

KADININ DOĞASI

Realitede, kadının doğası en iyi olandır. Her şeyden evvel, kadının varlığı, sevgiyi ifade etmek için gereklidir. Sevgisini ifade edebilmek için kadın, bir erkek ister ve arzusu da sevilmektir.

Erkeğin ise bunu ifade etmeye ihtiyacı pek fazla yoktur. Kadın sevginin var olduğunu bilmek ister. Bu durumda, erkeğe kıyasla bu sevgi imajını geliştirerek yaşayabilir kadın. Bir kadının karakterini ve duygularını anlayabiliyorum. Erkekler buna hazır değiller, bu ıslah olmayan parçadır. Eğer (erkekler) bir kadının sadece duygularını ve bağlılığını ifade etme fırsatına ihtiyacı olduğunu bilselerdi, o zaman daha fazlasını isterlerdi (kim ister kadın mı erkek mi net değil). Kadın erkekten almak zorunda olduğu böyle önemsiz şeyler olmasına rağmen, yine de bunu elde edemez.

Bunun nedeni Üst köklerden gelir. Dolayısıyla kadınlar bu dünyada erkeklerden daha fazla acı çeker. Bu ancak kök-dal ilişkisiyle Son Islah"ta düzelir. O zamana kadar bu konuda yapacak bir şey yoktur.

Bu problem kadın ve erkek arasındaki ilk trajediye kadar dayanır ve Son Islah"a kadar da böyle devam edecektir. Erkekler kadınları anlamazlar ve onlara gereken bir damla doğru yaklaşımı bile göstermezler. Kadının bu damlada ilgiyi, birliği ve kesinlikle her şeyi inşa edebildiğini anlayamaz. Bu durum manevî ıslaha gelmek zorundadır. Bu bizim dünyamızda çözümlenemez. Ancak Yaradan'la birliğe gelme noktasında bu mümkün olur.

Soru: Yaradan erkeği yarattıktan sonra daha fazlasını yapabileceğini düşünüp kadını mı yarattı?

Bu güzel bir yaklaşım olur. Katılıyorum. Kadınla erkek arasında tam bir karşılıklı etkileşim olmalıdır. Aralarındaki yanlış mücadele sadece birbirimize bağımlı olduğumuzu anlama eksikliğinden kaynaklanır. Manevî olarak bağlanırsak ancak Yaradan'ın seviyesine yükselebiliriz. Dolayısıyla, ıslah olmaya başlayan bir erkek, kadınla bağ kurmanın önemini ve gerekliliğini anlamaya başlar.

Soru: Bir kadının ruhunun kökü, erkeğin ruhunun kökünden daha mı yüksektir?

Elbette. Ben her zaman kadın peygamberler örneğini veririm. O dönemlerde, bir nesilde bir peygamber varsa, herkes onu dinlerdi. Tüm erkekler her meseleyi kadın peygamberlere getirir ve sorularına cevap alırdı. Bu kadınlar Dvora, Sarah, Hulda ve Leah idi. Bir peygamberin seviyesi en yüksek seviyedir. Dolayısıyla bu durumda bir kadının ruhu erkekten daha aşağıda değildir. İnanın bana kadın olduğunuz için Yaradan"a şikâyet etmenize gerek yok.

Soru: Kadın bu dünyada nasıl yaşamalıdır?

İlk olarak kişi bu dünyada, yapabildiği kadar herkes gibi yaşamalıdır. Yani eğer mümkünse bir kadının ailesi, çocukları, kocası, işi olmalı ve çevresiyle (bu, manevî olarak büyümesi için ona amaçlı olarak verilmiştir) iş birliği içinde olmalıdır.

Eğer bir kadının ailesi varsa, o zaman bir kadın olarak ona verilen sorumluluklarını yerine getirmelidir. Yani kocasına ve çocuklarına hizmet etmeli, onları beslemeli, çamaşırı yıkamalı ve temizliği yapmalıdır. Elbette kadının kaderiyle ilgili olarak şikâyet edebilirsiniz, fakat durum budur. Eğer Kabala çalışmak istiyorsa, görevlerini yerine getirdikten sonra, çalışmalıdır.

Soru: Bekâr bir kadının ıslahı için doğru koşulları nasıl oluşturabiliriz?

Bu önemli değil. Kişi bekâr olsun olmasın ruh her zaman aynıdır. Her zaman Yaradan"la beraber yalnız çalışır. Dolayısıyla, kişi ıslah yolunda kendini her zaman yalnız hisseder. Niyet, metodolojik çalışmanın sonucu olarak gelir.

Soru: Neden çocuğun milliyeti anneden gelir?

Kabala Bilimine Giriş Kitabı"nda Yehuda Aşlag şöyle yazar; bir önceki *Partzuf*'u takip eden her *Partzuf*, Işığın hafızasında (Reşimo) doğmaz, yani bir önceki *Partzuf*'ta olan erkek kısımdan doğmaz. Daha ziyade, arzunun yani her şeyi tayin eden dişi kısmın, Reşimo"sunda doğar. Dolayısıyla bir *Partzuf*, doğduğu "annesine" göre adlandırılır. Bundan dolayı tüm rahîm içi gelişim süreci ve doğum annede meydana gelir. Bu, *Parzufim, Atzilut* dünyasında parçalara bölündüğü zaman ve bir sonraki *Partzuf*'a ya da çocuğa hayat verdiğinde gerçekleşir. Karşılıklı olarak, bu dünyada, biz de isimlendirmede ve bir nesneyi orijinine göre tanımlamada, aynı prensibi uygularız.

AİLE

Şimdi bile dünyada görüyoruz ki her şey insanı yalnız olmaya doğru itiyor. Aile kavramı tamamıyla kayboluyor. Yakında, bir aile düzeni kalmayacak. Bunun sebebi egoizmin artıyor olmasıdır. Büyüyen egoizm, insanların bir arada olmasına izin vermiyor. Egoizm büyüdükçe insan önce çevresini terk ediyor, sonra ailesini ve sonra kendi başına kaldığında yine acı çekiyor. Sonra Yaradan"ı arıyor. Bu aşamalı bir süreçtir.

Soru: Etrafımda beraber yaşıyor gibi görünen ama ayrı olan birçok çift görüyorum. Onları ev hayatından başka birbirine bağlayan bir şey yok. Kabala erkek ve kadın arasındaki bağı nasıl açıklıyor?

Kabala, insanlar arasındaki sevginin sadece Yaradan kanalıyla var olacağını, söyler. Şöyle denir, "Kadın ve erkek ve aralarında Şihina (Yaradan algısı-kutsallık)." Tıpkı "Dostunu kendin gibi sev" de olduğu gibi. Bu ancak, eğer Yaradan"ın varlığı ve O"nun yukarıdan yönetimi tarafından yapılıyorsa mümkündür. Aksi halde bağlayıcı bir şey yoktur ve ihsan etme hissini hiçbir şey uyandıramaz.

Dolayısıyla, dünyanın ilkel seviyesinde, aile sadece hayatta kalmak için vardır. Bu gereklilik kaybolduğu anda, yaşlılar için bakım evleri kurmaya başlıyoruz, kadın çalışıyor ve kocasıyla eşit duruma geliyor. Aile kurma ihtiyacı kalmıyor. Erkek tamamıyla ıslah olduğu zaman, aile birliği tekrar kurulacak.

Soru: Evlilik nedir?

Evlilik yaratılışın tamamıyla farklı ve zıt iki parçasının etkileşimidir. Genel olarak, evlilik Yaradan"la Yaratılışın bağıdır ki Yaradan erkek kısım ve Yaratılış da dişi kısımdır. Yaratılış Yaradan"a tamamen zıt olduğu halde, aşamalı olarak ona yaklaşarak, O"nunla tam bir birliğe gelmelidir. Bu, tamamlanmış birliktir ya da Yaratılışın Üst Güçle birleşmesidir ve buna "evlilik" denir.

Ruhumuzla manevî olarak yapmamız gereken şeyin bu dünyadaki karşılığı, tarih boyunca erkek ve kadın arasında olan şeydir. Evlilik, manevî olayların ve eylemlerin bir kopyası ya da izidir.

Eğer manevî kökleri ve kökler arasındaki kuralları yani bu köklerinin niteliklerini bilseydik, o zaman dünyasal evliliğin hazzını gerçekten bu dünyada elde eder ve mükemmel bir bağ yaratıp, sonsuz derecede mutlu olurduk.

İnsanlar Üst kökü bilmedikleri için sürekli olarak acıya doğru çekiliyoruz. Evlilik önemini yitiriyor çünkü insanlar evlilikteki bağın imkânsızlığını keşfediyorlar.

Ancak, insanlar, ilişkilerini manevî köklerle nasıl eşitliğe getireceklerini bilselerdi, o zaman erkek ve kadın, Üst Dünyalardaki gibi mükemmel bir bağ kurabilirlerdi, kendisinin ve eşinin manevî köklerinin bilgisine dayanan, mutlu, duyarlı ve birbirini tamamlayan bir bağ. Bu şekildeki evlilik ideal olacaktır. Çiftler tüm hayatları boyunca, kendi manevî köklerini ortaya çıkartacak ve kaderlerini yaşayacaklar.

Soru: Sadece fiziksel olan evlilikler yok mu?

Bu dünyaya evlilikte doğru bağı kurmak için geliyoruz, fakat kendimize yanlış eş buluyoruz. İnsanlık, doğanın amacını bilmediğinden, evlilikler bizi hayal kırıklığına uğratıp, doğru bağı kurma gerekliliğini anlama eksikliği nedeniyle çabucak bozuluyor.

İki insanı birbirine eş yapan durumda bedenler bir rol oynamadığı için bu yola ruhların edinimi denir. Eğer kişi eşinin ve kendinin manevî kökünü biliyor olsa bu şekilde birbirlerini tamamlayarak, mükemmel uyumu nasıl oluşturacağının farkına varır. Kabala Yaradan ile insan arasındaki bu durumun edinimini çalışır ve bir Kabalistin başarmayı arzuladığı şey de budur.

Soru: Bunun tersi saf manevî evlilikler var mıdır?

Kişi bir başkası olmadan var olamaz. Mükemmellik, ancak Yaradan"la eşitliğe gelince mümkündür bu da O"nunla, insanların karşılıklı iş birliğidir. İnsanın, manevî, maddesel, psikolojik ve fiziksel her seviyedeki mükemmelliğini, yenilenmesini ve ebedi birliği, sadece içimizdeki Yaradan nitelikleri garanti eder.

Her insanın ve tüm insanlığın egoizmi bir bütün olarak artacak ve evlilikte hiçbir tatmin bulamayacağız. İnsanların aralarındaki bağ ile ilgili olarak büyük problemler ortaya çıkacak. Kişi başkalarıyla bağını kopardığında hazzı bulacak.

Ancak, Üst Doğa kanunlarının baskısı bizi Yaradan"la eşitliğe getirmek için itecek ve bu da öyle acı çekmemize sebep olacak ki insan egoizminin kötülüğünü idrak edecek.

- Bunu fark ettiği anda kendisini düzeltmek isteyecek.

- Islah olma derecesinde Yaradan"la bağ kurmayı arzulayacak.

- Yaradan"la bağ kurma arzusunun derecesinde eşiyle bu dünyada bir bağ kurma arzusu duyacak.

Bu şekilde, kişi bir kez daha kadim evlilik bağına gelecek. Fakat bunu gayri ihtiyari değil, üst eşitliğin idrakiyle gerçekleştirecek.

Soru: Bir Kabalist çalışmak zorunda mı?

Bir Kabalist tamamen bu dünyaya bağlanmalıdır (Yaradan"dan başka türlü yapmasına ilişkin bir yönlendirme gelmemişse). Bu demektir ki çalışmalı, karısı ve çocukları, evi olmalı ve sıradan bir insanın yaptığı şeylerle ilgilenmelidir. Aynı zamanda etrafındaki her şeyle manevî derecesine göre ilgilenmelidir. Bu şekilde kendini ve etrafındaki dünyayı ıslah eder. Ancak, eğer bir Nukva"sı (dişil parça) yoksa çalışmak için sebebi yoktur. Dolayısıyla, Kabalistler erkeklerin aile sorumluluğunu almaları için evlenmelerini şart koşarlar.

Kişideki içsel değişimler, iş arkadaşlarıyla ilişkisinde ve işinde temel oluşturur. Doğal olarak, daha içe kapalı ve daha az sosyal fakat açık sözlü ve uysal olur. Ancak, düşüncelerinin ve ruhunun başka bir şeyle ilgili olduğu bellidir, o kendi kendinedir ve etrafındaki dünya ona ilginç gelmez. Daha açık olarak söylersek, birçok kez tam ve büyük mutluluk hisseder, fakat o, bu hazzı diğerlerinden farklı olarak başka bir kaynaktan alır.

Maneviyata yakınlaşmak isteyen kişi, herkes gibi olmalıdır. Herkes gibi çalışıp aile kurmalıdır. Burada önemli olan şey kişinin işten ve aile sorumluluklarından serbest olduğu, bir iki saatte ne yaptığıdır. Vaktini televizyonun karşında ya da bir restoranda mı geçiriyor yoksa manevî amaç için çaba mı sarf ediyor?

Dünyamızda kadın ile erkek arasındaki fark, ruhun kadın ve erkek kısımları arasındaki ilişkinin sonucudur. Erkeğin ve kadının dünyayı farklı algıladığını görürüz, farklı sorumlulukları ve görevleri vardır. Manevî dünyada *Partzuf*'un dişi ve erkek kısmı ya da ruh, birbirlerini tamamlar. Dişi kısım arzusunu, erkek kısım ise perdesini verir. Bu şekilde Işığın ya da Yaradan"ın ortak ifşası ortaya çıkar, yani edinim gerçekleşir. Beraberce mükemmelliğe ulaşırlar.

Bir kişinin ıslahı başkası adına olmaz. Kendi egoist ilişkilerimizde de bu böyledir. Herkesin kendi yolu vardır, çünkü maneviyatta farklı parçalar bir bedende yani *Partzuf*'dadır, oysa bizim dünyamızda parçalar, farklı bedenlerin içindedir. Maneviyatta her parça, ortak çalışma için bir diğerini tamamlıyorsa vardır. Öyleyse Kabala açısından şu açıktır ki cinsiyetler ve aile arasındaki gerçek bir ilişki, sadece ıslah olmuş ruhların görüntüsünde ortaya çıkar. Egoist ilişkiler yerini özgecil değerlere bırakır ve bu elbette aile için de söz konusu olur.

Bu durumda, bir koca ve eşi farklı bir etkileşim içinde olacaklardır. Maneviyat her kişinin özel meselesi olduğundan, kademeli olarak gelişir. Kişi bununla ilgili olarak başka birisiyle konuşmaz. Daha ziyade, Yaradan"a ilişkisiyle ilgili olarak ne hissettiğini gizler. Diğer kişinin manevî yolunu bozmamak için bu yapılmalıdır. Her insanın yolu değişiktir. Sadece tam ıslaha geldiğimizde, her şey herkese ifşa olacaktır, çünkü egoist kıskançlık olmayacaktır.

Soru: Neden bir çocuk ebeveynlerinden ayrılmak zorunda?

Çocuklar ebeveynlerini ret etmek zorunda, aksi halde büyüyemezler. Yoksa yeni neslin seviyesi, eski neslin seviyesinden farklı olmazdı. Her şeyden evvel, nesiller arasındaki fark, onların bizim dünyamıza indiklerindeki manevî birikim nedeniyledir. Bedenlerin önemi yoktur; bedenin bir değeri yoktur. Nesiller arasında bedenler açısından bir fark yoktur. Oysa ruhlar büyük ölçüde farklıdır.

Her yeni nesilde, ruhlar yeni bir *Reşimot*"a (izlenimler) girer. Bu yeni *Reşimot* ya da yeni egoizm daha büyük işler başarmak için, daha belirgin ve güçlüdür. Dolayısıyla, doğal olarak bir önceki nesli ret eder ve bunu yapmakta da haklıdırlar. Bu şekilde olması gerekmektedir; yeni nesil ileriye bakmalıdır. Çocuklarını onları dinlemeleri için zorlayan ebeveynler, basitçe onları bir kavanozda saklamak istemektedir.

Soru: Neden ebeveynler çocuklarını zorluyorlar?

Bu sıradan bir egoizm ya da güçlü olma arzusu. Bir insan kendi üzerinde güç kazanmaz, dolayısıyla çocuklarını cezalandırır. Ebeveynler yaptığınız şeye, %90 karşı çıkar.

Onaylamadıklarını bilerek, onlara sormadan evlenirsiniz. Mesleğinizi, evleneceğiniz yeri seçersiniz ve başka bir yere taşınırsınız. Yeni nesil faklıdır. Bu her zaman böyle olacak. Babalar ve oğullar arasındaki problem uzun zamandan beri var. Doğamız böyle. Genel olarak kişi anne ve babasının direktifleriyle yaşamaz.

Ayrıca bu, doğanın ve dünyanın kanunlarıyla da uyumludur. Eğer büyüdüyseniz, o dakikadan itibaren bağımsız hareket etmeye başlarsınız. Evlenmeli ve hayatınızı yaşamalısınız. Ebeveynlerinize onların programlarına uymadan, saygı duymalısınız. Özellikle hayvansal formda, onlara destek olup, yardım etmelisiniz. Onlar size insan seviyesinden ziyade, hayvansal seviyede hayat verdi. İnsan seviyesinde her nesil bir öncekine daha çok şey ekler.

Ebeveynler bir önceki seviyedir. Dolayısıyla, kişi onlara hayvansal seviyenin gerektirdiği saygıyı göstermelidir. *Tora (Islah Eden Işık),* kişiyi bunu yapmaya mecbur eder.

Soru: Neden önceki nesillerdeki hanedanlarda, insanlar aileleri ile yaşadı?

O nesiller yavaş gelişti. Bu yüzyılda neler olduğuna bir bakın. Daha önceki nesillerde değişimler bir nesilden diğerine daha küçüktü. Henüz bir sonraki nesilde neler olacağını göremiyoruz. Her gün ve her hafta, dünyada büyük değişiklikler olmakta. Bu temponun nasıl hızlandığını görebiliyoruz. Dolayısıyla, ıslahın sonuna doğru daha fazla hızlanma gerçekleşecek. Hayatın temposu ve kalitesi öyle olacak ki akşam olduğunda, kişi sabah ne yaptığını hatırlamayacak çünkü gün içinde birçok içsel değişimden geçmiş olacak.

YETİŞTİRME

Herkes kendine sorar: "Neden yaşıyorum?" Özde, bu soru kişinin özüyle ve hayatın kaynağıyla, yani Yaradan"la ilgilidir.

Tarih geliştikçe, dünyada milyarlarca ve milyonlarca yıl önce olan şeylerle ilgili olarak insanoğlunun merakı hep artmıştır. Aslında, özümüzle ilgili soru, bedenimizin evrim sırasında nasıl geliştiği ile ilgili değildir. Daha ziyade, bu soru biz ve Yaradan"la ilgilidir. İnsanlar neden var olduğumuzu sordukları zaman aslında varlığımızın son amacı ile ya da gelecekle ilgili bir soruya parmak basmış oluyorlar.

Hayatın anlamı ile ilgili sorular, bir insanda çocukluğundan itibaren başlar. Bu, doğası gereği bu soruların cevabını duymaya ve çözümü keşfetmeye, insanın hazır olduğunun bir işaretidir. Bir dereceye kadar çocuk buna hazırdır, ebeveynler ve çevre onun merakını gidermede zorlanır. En kötü durumda tüm hayatı hayvansal seviyenin üstüne çıkmadan ya da en ufak bir değişiklik olmadan, otomatik ve monoton bir biçimde geçer.

Hayatı, anaokulu, okul, muhtemelen üniversite, iş, eş, çocuklar arasında geçer. Bazı insan futbola, bazısı da maneviyata ilgi duyar ve bu ölene kadar böyle devam eder.

Genel olarak insan nesline ve çağına bağlı olarak, hayatında özel bir şey başaramaz ve karşılık olarak ömrünü tüketir.

70 yıl boyunca aynı düzlemde varlığını sürdürmesi yerine bunun üstüne çıkabilmesi için bir insana nasıl yardım edebiliriz?

Özellikle, çocukken sorduğu "Hayatımızın anlamı nedir?" sorusuna cevap vererek, yavaşça onu bu dünyanın üstüne taşıyabiliriz. İnsanlara bu bilgiyi vermeye mecburuz. Çocuk veya yetişkin her insan, kendi hassasiyetine, yapısına ve verilen manevî bilgiyi özümsemesine göre bilgiyi alır. Daha sonra yıldan yıla, reenkarnasyondan reenkarnasyona kişi kendini sürekli olarak mükemmelleştirir. İnsanlığın nasıl geliştiğini ve neleri başarabildiğini görebiliyoruz. Bu nasıl oluyor?

İnsanların arzuları gittikçe güçlenir; tutkuları artar, para, ün ve bilgiyi ister. Aynı zamanda kişide "Hayatımın anlamı ne?" sorusu gelişir. Dolayısıyla, bugün bu soruyu soran insanlar, 200 ya da 2000 yıl önce soranlardan tamamen farklıdır. Bunlar aynı ruhlardır, fakat bu soruyu bütünüyle farlı bir seviyede sormaktadırlar. Soruları, bastırılmış ve şaşırtılmış bir dönemden gelir, bir önceki tecrübe ya da gelişimin sonucudur.

Baal HaSulam"ın dediği gibi, problem şudur ki bizler insanların hayatın anlamı ile ilgili sorusunu, din ve yetiştirme tarzıyla, sıradanlaştırırız. Kişinin bulunduğu çevre önemli değildir. Bu iki tip düzenle, bir insanın tüm hayatını bu dünyada öyle programlıyoruz ki bu sorunun varlığı onun için artık kayboluyor.

İnsan, bu soruyla ilgilenmek, yaşamak, onu geliştirmek ve yükseltmek yerine onu bastırıyor. Bunun din açısından cevabı şudur, "Biliyorsun, Yaradan bu şekilde istiyor, dolayısıyla emirleri yerine getirmeye mecburuz ve daha sonra bunu için bir ödül alacağız." İkinci ya da daha sosyal bir cevap ise şudur, "Hayat böyle ve biz de öyle ya da böyle birbirimizle geçinebilmek için bu şekilde yaşamalıyız

Sadece Kabalist yetiştirme tarzında, bir insan hayatı boyunca her dakika tekrar ve tekrar hayatın anlamı sorar, her seferinde de buna tam ve geniş bir cevap bulur. Bu şekilde kişi, tüm ruhu, ruhun müşterek kabına *"Hisaron"* ya da formüle edilmiş arzu denilen soruya gelir ve bu soruyu, ruhun ışığı dediğimiz, cevapla doldurur. Kişi Yaradan"la ilişkisini soru olarak tanımlar ve cevap olarak Yaradan"ın ifşası gelir.

Soru: Ebeveynler var olmanın anlamını sormadıklarından bu yıllar alabilir. Eğer sorsalar bile, cevapları yoktur. O zaman çocuklarına ne anlatacaklar?

Bunun binlerce yıl daha süreceğini söylüyorsunuz. Bu süreç binlerce yıldır devam ediyor ve daha da ne kadar sürecek bilmiyorum. Problemin kendisinden ve nasıl çözeceğimizden bahsediyoruz. Tüm dillerde, kitapların, medyanın ve internetin yardımıyla, insanlığa açıklamak istediğimiz şey genç nesli yetiştirme tarzımızı değiştirmemiz gerektiğidir. Şüphesiz değişimlere genç nesilden başlamalıyız.

Yetiştirme tarzındaki kriz, eğitim, yasalar, sosyal sınırlar, moralsizlik ve bunun gibi birçok şey bize şunu kanıtlamıştır ki insanlığın başka bir seçeneği yoktur ve bu durumdan bir çıkış yolu da yoktur. Gerçekte yetiştirme sorunu tüm hayatı ve sosyal süreçleri tayin ettiğinden en önemli problemdir.

Bu aslında çocukluğumuzda içimizde uyanan tek sorudur ve diğer her şey önemsiz olduğundan, aynı zamanda bir yetişkin sorusudur. Bakın bu soruyu 6, 7, 8...10 yaşlarından itibaren soruyoruz. Bunun nedeni ne? Şu açıktır ki bu en önemli sorudur. Şunu söyleyebilirim, kusurumuz ya da işlediğimiz en kötü suç, çocuklarımızın, var oluşun anlamıyla ilgili sorularını baskılamamızdır. Tüm hayatımız bu şekilde inşa edilmiştir ve biz yetişkinler de bu soruyu içimizde sustururuz. Gözümüzün önündeki her şey, televizyon, reklâmlar, bu soruyu tamamıyla iptal eder. Biz de aynı şeyi genç nesle yapıyoruz.

Yeni neslin manevî bir yetiştirme tarzına ihtiyacı var. Sosyal/laik ya da dini çevre önemli değil. Musevîlik, Hıristiyanlık ya da İslâm dini bununla ilişkili değildir. Hayatın anlamı ile ilgili soru her insanda ve kadın olarak doğmuş her insanda belirir. Yaradan herkes içindir.

Eğer çocuklarımızın bir önceki nesil gibi tamamıyla anlamsız hayatlarına devam etmelerini istiyorsak o zaman kesinlikle onları yalnız bırakalım ve Kabalisttik yetiştirme tarzını öğretmeyelim. Kabala der ki sadece çocuklarımızın, "Ben kimim, ne için varım?" sorusuna cevap vermeyelim aynı zamanda, bu soruyu idrak da edelim. Bu sorunun bilimle, sanatla ya da profesyonellikle idrak edilmeye ihtiyacı yoktur, yani bizi bir şekilde sakinleştiren din ve diğer yöntemler vasıtasıyla, idrak edilmez.

İnsanın tüm evreni ifşa etmesini, Üst Dünyalara yükselmesi ve içinde yaşadığı tüm evreni görmesi için bu soru, hayattaki en önemli şey haline gelene kadar geliştirilmelidir: "Ben kimim, neyim ve ne için varım?" Tüm evren ortaya çıktığında ve nerede olduğumu, kim olduğumu gördüğümde, o zaman varlık sebebim bana açık hale gelecek. Eğer kendim bu sorunun cevabını bulursam, doğru bir şekilde anlarım. Kabala bunu yapmamız için bizi çağırıyor.

Diğer bir deyişle, manevî hayata girip, neler olduğunu, nasıl olduğunu görene kadar, bu soru içimizde kalacak ve bizi uyandırmaya devam edecek. Bırakalım bizi uyandırsın;

ifşa için onu canlandıralım. Bu soru olmadan, Yaratılışın amacına ulaşamayız.

Dolayısıyla, onu öyle bir şekilde ortaya çıkaralım ki tüm evren önümüze açılsın (aksi halde bu sorunun cevabını bulamazsınız). Daha sonra gördüğünüze bağlı olarak, anlarsınız. Bu şu demek değildir, biri size bunu anlatıp, rahatlatacak. Aksine, sizin kendinizin var olduğunuz dünyaları görebileceğiniz şekilde yapılmalıdır. Buna dayanarak, soruyu kavrayabilirsiniz ve kendi kendinize cevap verebilirsiniz. Kabala"nın amacı budur.

Öyleyse, çocukları bu şekilde yetiştirmemek, onlardan çalmak demektir ve bir kez daha tüm hayatları boyunca onları, işe yaramayan hayvansal varlıklarını devam ettirmeye mecbur bırakırsınız. Aşamalı olarak, toplumda öncelikler değişecektir ve bu fikir üniversite kitaplarında ve hatta ilkokul kitaplarında, yer alacaktır. Sadece bir şeyi hatırlayın: Bir kişi, bu ilimi erken yaşta (Kabalistlerin söylediği gibi 3 yaşından itibaren) veya 5-6 yaşında çalışmaya başlamazsa, daha sonra öğrenmesi zor olacaktır. Bunu özellikle en çok yabancı dil eğitiminde görüyoruz.

Bu sistemi, başlangıç sınıflarından itibaren okul eğitimine katmalıyız. Çocukların nasıl kavrayacakları önemli değildir. Öyle şekilde yapılmalıdır ki en azından manevî ışığın mikro-parçası onların içinde uyansın. Daha sonra realitede ve sosyal çevrelerde, yetiştirme tarzının gerçek yöntemi uygulanacak ve aşamalı olarak bugün konuştuğumuz sonuca geleceğiz. Ancak, bu uzun ve aşamalı bir yoldur.

Dilerim, yeni yöntemleri, yeni ve uygun şekliyle, görecek kadar zamanımız olur. Çünkü şimdilerde nesiller birbirinden çok farklı, 20 yıl önce yazılan bir şey, bugün insana anlam ifade etmiyor. Bir yıl 20 yıl gibi; çok çabuk geçiyor. Dolayısıyla, dilerim yenilenmiş Kabalistik yöntemleri görürüz, açıkça ve direkt olarak konuşur, çağdaşlarımıza yakın oluruz. Ayrıca, bu kitaplar genç yaşlar için de anlaşılabilir olmalıdır.

Soru: Çocukların anaokulunda bile Kabala"yı öğrenmesi iyi midir?

Baal HaSulam"ın *On Sefirot* kitabının girişinde yazdığı gibi, bir kişiye Kabala"yı sadece sorusu ölçüsünde öğretebiliriz. "Hayatımın anlamı ne?" Eğer bu soru onda oluşmamışsa, o zaman kimse ona öğretemez. Çocukluğumuzda hepimiz bu soruyu içimizde hissettik. Kişi bunu anladığı anda, sorusu ölçüsünde dünyaların yapısını, özü ve hayatın amacını, ona anlatabiliriz. Cevabı aldığını hissettiğimizde de, durmalıyız. Yani, bir hayattan diğerine hepimizin içinde oluşan bu sorunun cevabını, kişinin içsel hazırlığının derecesine göre öğretebiliriz.

Her insan, hayatın anlamı ve Yaradan ile ilgili olarak içinde uyanan ilk soruyu hatırlar. Bu çoğunlukla 6-10 yaş arasında olur. Onlara şu cevabı vermek gereklidir: "O seni Yaradan güçtür ve O şimdi senin yanında, seninle ilgileniyor, seninle iletişimde olmayı arzuluyor ve sen onu bulmalısın. Yani anne, babanla ve ailenle kurduğum iletişimin aynısını bul. Şöyle denir, insan baba, anne ve Yaradan, tarafından yaratılır." Bunu çocuklarda deneyin ve bu fikri doğal olarak nasıl kabul ettiklerini görün.

Soru: Neden çocukları bizi dinlemeleri için zorlamamamız gerektiğini söylüyorsunuz. Bu doğru elbette ama eski kutsal metinlerde çocukları sert yetiştirmemiz gerektiğini söylemiyor mu?

Açıkça şöyle denilmiştir: Kim çocuğunu dövmezse, ondan nefret eder. Ancak, prensipte bunu tam anlayamayız. Yani bunun neden yazıldığını ve bu metoda neyin uyduğunu açıklamamız lâzım.

Tek yetiştirme metodu, örneklemedir ve baskı yoluyla kesinlikle olmaz. Baal HaSulam bununla ilgili şöyle yazar, eğer bir insanı zorlarsanız yani küçük bir çocuğu, o zaman onun kendi niteliklerini geliştirmesine izin vermemiş olursunuz.

O sizden, tamamıyla farklıdır. Biyolojik babayla oğul arasında, maneviyatta bir bağ yoktur.

Soru: Çocuğunuzu nasıl görmek istersiniz?

Kendi çocuklarımın ve bütün çocukların her şeyde mükemmel olduklarını görmek isterim. Ancak, bu sadece bana göredir. "Kendini beğenmiş" ebeveynler de çocuklarını yetiştirmek zorunda! Neden böyle zeki ve geleceği gören bir doğa, olayları bu şekilde inşa ediyor? Bu öyledir ki her nesil en önemli şey ile ilgili yanılgıya düşer. Acı çekerek de olsa, bir sonraki nesli bir öncekine göre daha iyi yetiştirmeliyiz. En nihayetinde, kural olarak bir sonraki nesil, daha egoisttir (her nesilde egoizm biraz daha artar).

Doğanın öngörüsü şudur ki insan bu sebepten dolayı sadece kendine zarar verdiğinin, idrakine gelecektir ve buna karşılık insan, doğanın gerçek yasalarını çocuklarını bu yönde eğitmek için çalışmak zorunda kalacaktır.

Doğanın ahlâk ve düşünme yasalarına Kabala denir. Sadece bu bilimi çalışarak insanın, doğru şekilde var olması ve çocuklarını buna göre yetiştirmesi mümkün olacaktır.

Soru: Öğrencilerinizin içinde hükümette yer almak isteyenler var mı?

Sadece eğitim alanında! Eğitim sisteminin içine Kabala"yı yerleştirerek, tüm gelecek nesilleri değiştirebiliriz. Elbette bana şu şekilde karşı çıkabilirsiniz: "İnsanlar Kabala"ya, hayatın anlamı ne sorusuyla geliyorlar." Maneviyatta zorlama yaparak yetiştirmek kabul edilemez bir şeydir.

Biz, Kabala"yı ve manevî yükselmenin metodunu vermiyoruz ancak bunu arzulayan bir kişi bunu çalışabilir ve arzusunun derecesine göre bunu yapabilir. Evrenin yapısı, yaratılışın amacı, ruhun yapısı, yani yukarıdan aşağıya Işığın inmesi gibi konularda bilgi vermeyi plânlıyoruz. Ancak geri kalan materyal, örneğin kişinin manevî (içsel veya bireysel) çalışmasıyla ilgili makaleler ancak talep ettiğinde kişiye verilir. Evrenle ilgili bilgi, kişiye dünyanın yapısı hakkında bir anlayış getirecektir; etrafındaki dünyayı ve var olan her şeyin anlamını ortaya çıkaracaktır. Bu şekilde kişi basitçe yaşadığı dünyayı tanıyacaktır. Bu da onu depresyondan ve kötü eylemlerden korur. Bana gelen insanlarda, bunun örneklerini görüyorum.

UYUŞTURUCULAR

Soru: Doktorlar hastaları iyileştiriyor, psikoloji düzenliyor, hükümet insanları hapse atıyor ve kanun yapıcılar tartışıyor. Kabala ne öneriyor? Kitleler için afyon yerine başka bir şey mi?

Kabala, kişinin egoizminin gelişim yasalarıyla ilgili bilgi sunuyor. Tanımladığınız, tüm sosyal hastalıklar, kişinin ve insanlığın egoizminin büyümesi hastalığıdır. Medeniyetlerin en başında, insanlık en alt seviyedeydi ve yaşamak için ekmekten başka bir arzusu yoktu. Sadece egoizm ve onun gelişimi sosyo-ekonomik oluşumda değişimlere sebep oldu ve bu kültüre, yeni teknolojilere yansıdı ve bu da insanın egoist arzularını tatmin etmeye yetmedi. Daha çok aldıkça, daha çok isteriz. Her gelen nesil bir öncekinden daha egoisttir. Kültürün, bilimin ve teknolojinin gelişimi, egoizmi tatmin etmez. Bir önceki yüzyıldaki teknolojik devrim, hayal kırıklığı yarattı ve bugün 100, 200 hatta 300 yıl öncesinden daha büyük bir boşluk algılıyoruz.

Bu boşluğun yerine insanlar daha sunî alternatifler aradı ve zamanla bunu daha çok istediler. Günümüzde insan yiyecek, para, şöhret ve güçle kendini dolduramıyor. Egoizm, hazzın daha yüksek kaynağıyla bir bağ kurmayı arıyor ve bu dünyada onun istediğini bulamayacağız.

Binlerce yıl önce yaşayan Kabalistler bu yeni form egoizmi, daha önceden öngördüler. 1995 yılının başlamasıyla, negatif sonuçların ortaya çıkacağı "egoist patlama"nın başlayacağını öngördüler. Bugün bunun sonuçlarından bazılarını gözlemliyoruz: Ailelerin bozulması, sosyal bağların kopuşu ve bireysellik. Egoizm o kadar büyüdü ki insanı kendinden bile ayırıyor. Egoizmi inceleyen bir bilim bile çıktı; „Egoloji".

Soru: Kabala da egoizmi çalışır mı?

Kabala"nın egoizmi çalışmasına gerek yok çünkü onunla ilgili zaten her şeyi biliyor. Onun yükselmesine sebep olan şeyleri, gelişiminin sonuçlarını bildiği gibi biliyor. Kabala, alkol ve uyuşturucu gibi sunî metotlar kullanmadan egoizmi nasıl doyuracağımızla ilgilenen, bir bilim. Biz, insanlara votka ve eroinden daha güçlü olan manevî hazzın kaynaklarını sunuyoruz.

Soru: Fakat yine de votka ve eroinin hazzın kaynağı olduğunu inkâr etmiyorsunuz.

Sıralamada onlar hiçbir şey. Daha derine bakın. Votka ve eroin kişiyi boşluk algısından kuvvetle ayırıyor. Bir ilâç veya iğneyle mutluluğu bulamazsınız. Daha ziyade, kör acının daha büyük algısını edinirsiniz.

Soru: Tamam, fakat fizyolojik anlamda zaten bağımlı olan insanları ne yapabiliriz?

Bu problem değil. Yeni başlayan öğrencilerimin arasında böyleleri vardı. Bugün artık onlar alkolik ya da ilâç bağımlısı değil.

Soru: Bu, kısa zamanda tedavi edilebiliyor mu?

Altı aylık bir kurstan sonra, kişi bu hazzın yerine başka bir haz koyar. Cerrahî metotlar kullanma, kendini zorlama ihtiyacında olmaz. Fiziksel eylemlerle arzusunu değiştirmeye ihtiyaç duymaz ve yogiler gibi de sıradanlaştırmaya kalkmaz. Kabala, haz arzusunu öldürmez. Daha ziyade, onu devamlı ve daha mükemmel olanla değiştirir.

Soru: Kabala ile ilâç bağımlılığını yok edeceğinizden nasıl bu kadar eminsiniz?

Şöyle denir, Üst Işık mutlak sükûnettedir. "Sükûnet" kelimesi manevî dünyada, arzuda bir değişimin olmayışına işaret eder.

Manevî (özgecil) dünyada ve bizim içsel (egoist) dünyamızdaki tüm eylemler, bir önceki arzunun yenisiyle değişmesiyle artar. Eğer arzu değişmezse, yeni bir şey oluşmaz ya da bir hareket söz konusu olmaz. Sabit arzunun parlak olmasına ve insanı rahatlatmaya izin vermemesine rağmen, bu doğrudur. Bununla birlikte, eğer arzu sabit ve değişmez ise, bu demektir ki hareket yok.

Dolayısıyla, insanlar Üst Işık sükûnet içinde dedikleri zaman, Yaradan"ın sabit ve değişmez olan, bizi memnun etme arzusuna işaret ederler. Bu ışık, içimize işler fakat "ben" dediğimiz içimizdeki nokta egoizmin kabuğuyla kaplandığından, içinde yüzdüğümüz Işıktan gelen hazzı alamayız.

Dünyadaki hazlar birçok çeşide ayrılır: Toplumun değerli kabul ettikleri (zenginlik, popülerlik), doğal (aile ile ilişkiler), cezaî (başkalarının hayatı pahasına ya da başkasının sahip olduklarının pahasına haz duymak), duygusal ve bunun gibi. Tüm bunlar bazıları uygun olmadığı ve cezalandırıldığı halde, toplum tarafından kabul edilir. Ancak öyle bir çeşit arzu vardır ki hiçbir toplumda kabul edilemez ve protestolara sebep olur. Bununla ilgili mücadelede, topluma belirgin bir zarar gelmesine rağmen, insanların yöntemleri yetersiz kalır.

Uyuşturucu bağımlıları kural olarak, gösterişsiz insanlardır, kimsenin yoluna çıkmazlar ve sadece kendi içsel hazlarıyla ilgilenirler. O zaman, toplum için tehlikeli olmayan bu hazzı almaları için, bizim gibi olan bu insanlara neden izin vermiyoruz? Uyuşturucu bağımlıları çalışmazlar. Onlara, toplumdaki çoğu kişiye yaptığımız gibi iş teklif etmeyiz. Neden eğer gerçekten tıbbî amaç içinse, iyi bir ilâç olarak kullanılabilir.

Eğer toplumun amacı bir şekilde egoizmi pasifleştirmek ve onu tehlikeli olmaktan uzaklaştırmaksa, o zaman bunu yapmak kolay olur. Enteresan bazı şeyleri bedava vermek mümkün olabilir ve kötü eğilimle doğmuş insanlar ve onların kişilik özellikleri, bu şekilde kendilerini soyutlarlar. Ancak, Üst Doğa, Üst Hüküm, bununla hemfikir değildir çünkü bu şekilde insan, tamamıyla kendi kaderinden ayrılmış olur. Ne kadar sosyal olarak zararsız, atıl ve işe yaramaz olursa olsunlar insanlık bununla hiçbir zaman hemfikir olmaz.

Dolayısıyla, uyuşturucular yalnızca negatif algılanan şeylerdir. İstenmeyen ve aşırı uç problemlere aldırmadan çözmek için gayret içinde olmasalar da insanların yardımıyla bunları çözebiliriz.

Soru: Psikolojinin ve yoganın etkisini dikkate almıyor musunuz?

Yogiler, derin düşünme yoluyla acıyı bastırmaya çalışırlar. Egoizmi azaltır ve kendilerini bitkisel ya da hayvansal duruma getirirler. Doğal olarak, insan daha az arzu için kendini eğiterek, acıyı hafifletir. Ancak, bu bir noktaya kadar doğrudur. Egoizm, belli bir eşikten geçtiğinde kişi artık bu metotları uygulayamaz ve vazgeçer. Yogaya ve diğer doğu tekniklerine ilgi gerçek anlamda çalışma ve katılım yerine bugün sosyetik çevrelere doğru kaymıştır. Egoizmin şu andaki gelişiminde biz bu seviyeyi çoktan geçtik.

Soru: Peki ya sosyal mücadele araçları, örneğin toplum ve iş gücü organizasyonları?

Hiçbir sosyal sistem büyüyen egoizmi tatmin edemez. Herkese çare olamazsın ya da hapse atamazsın. Problem kökünden halledilmelidir. İçinde bir boşluk hissi varken, bir insana ne verebilirsin? İnsan egoisttir. Sadece tek bir analiz onun için geçerlidir: acı-kötü, tatlı-iyi, kötülük- doğru veya yanlış-iyilik. İnsan bir şeyin doğru mu yanlış mı olduğuyla ilgilenmez. Onun için en önemli şey bir şeyin tatlı olup olmadığıdır; bu onu gerçeğe uyumlu kılar. İnsan eğer kötü ve acı hissederse, o zaman bu "kötü" ya da "sahte" hissin kaynağından kaçmasını sağlayacak bir düzen aramaya başlar. Politikacıların bu kavramlarla nasıl oynadığına bir bakın.

Soru: Bugün uyuşturucu piyasası genç insanları etkisi altına alan uluslararası bir sistem ve moda da bu sistemle beraber çalışıyor. Rusya"daki votka endüstrisi akaryakıttan sonra ikinci en kârlı iş gibi görünüyor. Egoizmi tatmin edecek içsel yolları ve maneviyatı uzun bir süre daha konuşabiliriz, fakat uyuşturucu tacirlerinin daha güçlü kaynakları var.

Afyon, iki üç bin yıldır insanlar tarafından biliniyor. Doğuda bu birçok yüzyıl boyunca, bir kültür oldu. Basitçe söyleyecek olursak, daha önce buna ihtiyaç yoktu, fakat şimdi egoizm çok büyüdü ve artık doymuyor. Dolayısıyla, boşluk hissi algısını yok eden bir şey olarak egoizme başvuruluyor.

Çocuklarımız için korkmaktan kaçınmak için, onları doğru yetiştirmeliyiz ve bu 16 yaşından ziyade 6 yaşında başlamalı. Kabala çalışan çocuklarınıza bir bakın. Tüm bu modasal saçmalığa nasıl tepki verdiklerine bakın ve onlara küçük gelen tüm bu problemlerden nasıl korunduklarına bir bakın. Bir insan 6 ya da 7 yaşlarında hayatın anlamıyla ilgili soruyu sormaya başlar. Eğer ona bir cevap veremezsek, o zaman uyuşturucuda dâhil, onu her yerde aramaya başlar. Otomatik olarak, onların doğruyu bildiklerini düşünerek akranlarını takip eder ve bu şekilde çevresinden etkilenir. Diğer yandan, amaca ulaşması için ona dünya ile ilgili net bir bilgi verirsek, o zaman egoizminin gelişmesine ve tatmin olmasına olanak veririz. O zaman uyuşturucu gibi şeyler ilgisini çekmez.

Genel olarak, sosyal hastalıklara (egoizmin büyümesi ile oluşan) çare bulmak isteyen tüm insanî girişimler hiç sonuç vermez. Bu yalnızca, insanların doğaya karşı gidemeyeceklerini idrak etmede zamanı uzatacaktır. Sadece *Zohar* çalışan bir kişi yukarıdan ona gelen Üst Güç ile egoizmin doğru kullanımını oluşturacak ve tam anlamıyla Üst Dünyayı, sonsuzluğu ve sınırsızlığı idrak ederek, bundan dolayı haz hissedecektir.

Soru: Kan bağışıyla ilgili olarak: Bu durum, kanı vereni ve alanı etkiler mi?

Kan, düzenli medikal dizinlerle kontrol edilir ve eğer iki kişinin kanı, hayvansal dizine göre birbirine uyuyorsa, o zaman kan o insanın bedeni için uygundur. Bunun ruhla bir ilgisi yoktur. Bir insana kol, baş, kalp, ciğer veya başka bir şey dikebilirsiniz. Bu düşmanınız olan birisinin parçası bile olabilir, ama yine de daha önce sahip olduğunuz özellikler sizde kalır.

Bir insanın arzuları onun saf manevî nitelikleridir ya da manevî doyumudur. Bu bilgisayardaki gibi, bedenimizin içine yerleştirilen ve bedenle kendini ifade eden, manevî bir CD"ye benzetilebilinir.

Fiziksel bedenin manevî bir niteliği yoktur. Fizyolojik düzene göre, sağlıklı olmak durumundadır. Bu dizine bakarak tüm parçaları karşılıklı olarak değiştirebiliriz; bedenin bazı kısımlarını değiştirebiliriz ve yine de hiçbir şey değişmez. Bu kaba örnek için özür dilerim: Bir insanı alın, onu parçalara ayırın ve onların yerine başka insanların parçasını koyun. Doğal olarak, bedenin tüm parçaları yenilendiği halde, ruh aynı kalacaktır.

Bir önceki bedenden bir parça alabiliriz ve bu küçük parçanın en önemli parça olduğunu söyleyebiliriz. Tüm parçalar bu parçaya bağlıdır, yani ilâvedir. Şimdi şu soru akla gelir: Bir önceki bedenden, ilâve parçalar için en önemli olabilecek, hangi parçayı almalıyım?

Belki de diğer parçalar çok önemlidir ve o zaman geriye kalanlar mı ilâve olacak? Otuz kırk yıl önce, kalbin, insanın ruhu, hissi ya da "ben"i olduğuna, herkes hemfikirdi. Şimdi anlıyoruz ki, kalp değiştirilebilir, fakat akıl değiştirilemez. Belki de bir gün insanların akla da aynı şeyi yaptığını görebileceğiz.

Akıl, düşünen bir mekanizmadır ya da bir "bilgisayar". O hatırlar, tecrübeyi biriktirir ve öğrenir, fakat realitede, basitçe ruhun kazandığını en rahat biçimde hesaplayan bir makinedir. Bundan başka bir şey değildir. Yani sadece bir "bilgisayar"dır. Doğal olarak eğer bilgisayarı değiştirecek olursak, insan daha üretken, daha fazla hafızası, hızı ve özellikleri olan, başka bir tane isteyecektir. Ancak, her şey bilgisayarda işleyen programa bağlıdır. Bu program ruh tarafından belirlenir. Bilgisayar sadece bu programı yapabildiği hız ölçüsünde, harekete geçirir. Eğer bir araba kazasından sonra, koşamıyorsam, artık bununla ilgili yapabilecek bir şey yoktur. Beden değil, ruh koşar. Aynı şey bilgisayar için de geçerlidir. Eğer ateşler içinde hastaysam veya tansiyonumun yüksekliği sebebiyle kötü hissediyorsam, o zaman doğal olarak ruhsal güçlerin yoğunluğu faklı olur. Bu sebeple içinde olduğum bedenle ilgilenirim. O zaman, çalışmam ve etkinliğim artar.

Dolayısıyla, işi yapmasında ona yardım ettiği için, kişi eşeğine ya da hayvanına iyi bakmalıdır. Sağlığınıza, onu koruyacak şekilde özen göstermelisiniz ancak bu şekilde manevî çalışma yapabilirsiniz. Onu temizlemeli ve ihtiyaçlarını karşılamalısınız. Bunu manevî çalışma yararına yaparsanız, o zaman pozitif olur ve amaca ve çalışmaya bağlanmış olursunuz.

Soru: Bir yandan diyorsunuz ki bu dünyanın hazlarını reddetmeyin, diğer yandan "gereklilik" gibi görünenler. Bunlar aynı yerde kesişmiyor mu?

Bu dünyadaki hazlarla ve yaptığım her şeyle, gereklilik şeklinde ilgilenmeliyim.

Gerekliliğin seviyesi değişir. Kabalist Akiva"nın, tüm servetini kaybetmiş bir arkadaşı vardı ve iflâs etmişti. Onun için gerekli olanı sağlamak umuduyla, Kabalist Akiva, o şekilde taşınmaya alışmış olan arkadaşı için, dört insanın taşıdığı bir tahtırevan satın almıştı ve kendisi de onun önünde koşuyordu. Gemara"da şu açıklanmıştır ki bu durum arkadaşı için özel değildi ama gerekli bir unsurdu. Kabalist Akiva için, bu bir insana ekmek vermekle aynı şeydi. O, her şeyi bu şekilde algılardı.

Diğer bir deyişle, neyin gerekli olduğunu ve neyin olmadığını değerlendiremezsiniz. Tüm dünyayı alabilirsiniz fakat bunu gereklilikle ilişkilendirin. Buna ihtiyacınız yok, fakat arzularınız değişir ve tüm bunlar, sizin tarafınızdan formüle edilmemiş ve eyleme geçirilmemiş maddesel yönünüzden gelir. Örneğin, bedenim yemek, içmek istiyor ve ben ona istediğini veriyorum. Neden? Yaradan bu şekilde yaratmıştır dolayısıyla beden bunu ister. Bırakın milyon tane şey istesin, fakat eğer ben bu arzulara özellikle bu şekilde yaklaşırsam, o zaman buna gereklilik denir.

Bu nedenle, gereklilik, bir insandan günde 1000 kalori almasını, günde

6 saat uyumasını talep etmez. Gereklilik, siz kendiniz ona bağlı olmadığınız zaman, sizinle ilintilidir. Bedenin ihtiyacı varsa o zaman ona ihtiyacı olanı verin. Dahası biz şunu söylüyoruz: Eğer çeşitli eğilimleriniz varsa, bir suçu işleme düşüncesi, suçun kendinden daha zor olduğundan, daha fazla şaşırmamak için, onların farkına varmalısınız. Bu, kişiyi saatler ve günler boyu esir alır.

SEVGİYLE İLGİLİ

Soru: Sevgi hissiyle ilgili olarak Kabalistik açıklama yapar mısınız? Sevmek, birliğin algısıdır ve eşitlik veya niteliklerin benzer oluşuyla elde edilir. Form eşitliği yasası, tüm evreni hareket ettiren ve var olan her şeyi Yaradan"a getiren, tek yasadır. Kabala der ki dünyadaki en büyük haz, Yaradan"la birliğe gelmenin hazzıdır. Bizim dünyasal sevgimiz, bu yüksek sevginin zayıf bir yansımasıdır. Yaradan"la dolmanın ne demek olduğunu, bizler algılayamayız. Ancak bana inanın, bu tüm algıların üstündedir!

Hakikî sevgi sınırsız olur! Dolayısıyla eğer sınırı yoksa o zaman alıcıda hoşnutsuzluk ve hatta nefret uyandırır. Bunu, çocukların onları sınırsızca seven ebeveynlere karşı davranışından görebiliriz. Bu ayrıca erkek ve kadın arasındaki romantik ilişkide de olur. İlişkilerin sistemi, tesadüfler sonucu oluşmaz. Dolayısıyla insana gerçek sevgiyi bulma ve idrak etme şansı vermek ve sevginin hoşnutsuzluğa hatta nefrete dönüşmemesini sağlamak için, Yaradan öyle bir etkileşim sistemi yaratmış tır ki Yaradan ve O"nun Sevgisi, insandan gizlenmiştir ve sadece insanın bu sevgiyi kaybetme korkusu derecesinde, ifşa olur.

Dolayısıyla, Kabalistik metinlerin ilk emri korkudur, ikincisi de sevgi. Ayrıca bu korku, egoist sevgiyi kaybetme korkusuna işaret etmez. Daha ziyade, bu "sevdiğim için yapabileceğim her şeyi yaptım mı?" korkusudur. İnsan, bu tip bir korkuyu edinme derecesindeyken, Yaradan ona ifşa olur ve ona olan sevgisini açığa çıkarır. Egoizmimizi tamamen ıslah ettiğimizde, Yaradan'ın tam, sınırsız, ebedi sevgisine hak kazanırız. Sevgiyi açığa çıkarma yoluyla karşılıklılığın göstergesini ediniriz.

Açıkçası bizim dünyamızda yani ıslah olmamış insanların gözünde, bu tip bir hisse erişmek, mümkün değildir. Dolayısıyla, dünyasal seviyede ıslah olmayı arzulamalıyız. Ortak bağımız Yaradan'la eşitlik derecesine geldiğimizde, birbirimizi bir bütünün ya da tek ortak ruhun parçaları olarak sevebiliriz. Hem manevî, hem de fiziksel olarak dünyasal rehberimizi, görme becerisi edinmek istiyoruz. Manevî yükselişimizin derecesinde, beraberce tam bir birliği edinebiliriz.

Hiçbir şey bir kadınla erkeği, ortak Kabala çalışması kadar bir araya getiremez. Şu sözün söylenmesinin bir sebebi vardır, "Kadın ve erkek; Şihina (Kutsallık) onların arasında." Şihina İlâhî Varoluş"dur. Hocalarımın tavsiyesine göre, çiftleri evde beraberce çalışmaya teşvik ediyorum. Bunu sürekli bir pratik olarak kabul ediyoruz. Dolayısıyla, birçok ailemiz, sevginin algısına sahip oldukları için övünüyorlar. Sizin için de aynı şeyi diliyoruz.

Soru: Bu duygunun yani sevginin ortaya çıkmasındaki objektif sebepler nedir?

Sevgi bizim dünyamızda ve Kabalistik dünyada, hazza verilen tepkidir. Yani, aldığımız hazza karşılık içimizde uyanan histir. Herhangi bir şeye duyduğumuz sevgi, sevdiğimiz nesnenin mikro düzeyde de olsa Işık içermesi sonucunda ortaya çıkan sevgidir. O nesneyi sevmemizin tek sebebi budur. Bizi çeker ve onunla ilgili bu duygu içimizde belirir. Bu nesne çocuklar, karşı cins veya lezzetli bir yiyecek olabilir. Bu herkes için kişiseldir, yani her insanın ruhunun nitelikleriyle ilişkilidir.

Bir Kabalist veya Kabala çalışan bir kişi, bu hissin yani sevginin soyut olduğunu anlayacak, görecek ve algılayacaktır. Kişinin içinde, Işığa ya da nesneyi kuşatan Işığa karşı bir sevgi belirir ve o nesneye karşı sevgi duyar. Kişi sevgi hissini sadece nesne için ya da kabuk için değil, kabuktan tamamen ayrı olan Işığın kendisi için hisseder.

Dolayısıyla, sevgi ortaya çıkar ve aşamalı olarak tüm evrenin kaynağına ya da kişinin ruhunun kaynağına doğru yönelir. Pratik olarak konuşacak olursak, sevgi üzerine olan tüm şarkılar, şiirler ve tüm duygularımız; tüm bunlar ışığın mikro dozunun özlemindendir ve birçok formda üzerimize yansır.

Soru: Bir kadına duyulan sevginin kabuk olduğunu mu söylüyorsunuz? "Yaradan"ını sev" Kabala"da kişinin ulaşabileceği en yüksek noktadır. Bu, tüm diğer hazların kaynağı olan kaynağın sevgisidir.

Soru: Bir Kabalist bir kadını sevebilir mi, yoksa sadece Yaradan"ı mı sevebilir?

Kabala çalışan kişinin nitelikleri gelişir ve derinleşir. Tüm detaylarıyla evreni hisseder ve kendinin dişi kısmını öyle hisseder ki Yaradan algısı sayesinde bir kadının (ruhunun yapısında kendine tamamen zıt olan) algısını da edinir. Üst Dünyaları edinmeden kişi bunu yapamaz; fiziksel olarak yapamaz. Buna uygun yeteneği yoktur, kendi dışına çıkamaz ve basit olarak bir kadının ondan ne istediğini anlayamaz. Bu onun için imkânsızdır ve bunun için eleştirilmemelidir. Eğer eşinin seni sevmesini istiyorsan, o zaman onu bir Kabalist yap.

Soru: Modanın, mücevherlerin ve makyajın kökü nedir?

Kişinin kendini güzel şeylerle donatma çabası, tüm eylemlerde olduğu gibi, içsel arzudan gelir. Kabala der ki tüm giysiler ıslahtır. Günahtan sonra, Âdem çıplak olduğunu fark etti; dolayısıyla egoizmindeki ıslah eksikliği ona ifşa oldu yani çıplaklık. Bu olmadan önce egoizm ifşa olmadığı için utanç hissetmiyordu. Bir çocuk gibi Yaradan"ın huzurunda utanç hissetmiyordu.

Bizim dünyamızda insanın kendini örtmesi arzusu başka bir egoizmden gelir yani Yaradan algısından gelmez. Daha ziyade, insanın ün ve güç arzusundan gelir. Yani giyinmek ve süslenmek arzusu, ıslah olma arzusu değildir. Onun yerine, bunlar *Klipot"*un (ıslah olmamış, saf olmayan arzular/kabuklar) arzularıdır. İçselden ziyade dışsala yöneliktir ve kendine daha çok dışsal öğeyi ekler. Bu dışsallığa bağlanan herkes için geçerlidir.

İçselliği arzulayanlar tam tersini yapar; her şeyi çıkarmaya hazırlardır. Yani madalyalar veya semboller gibi dışsal işaretleri dikkate almazlar. İçsellik onlar için çok önemli olduğundan, sade kıyafetlerle dolaşırlar. Bu sebeple sürekli olarak büyük, daha büyük içsel derinlik edinirler. Bu durumda, dünün içsel şeyleri bugünün dışsal şeyleri olur ve bu insanlar tüm dış etkenlerden kurtulur.

Soru: Kişisel olarak şiire ve sevgiye nasıl yaklaşıyorsunuz?

İnsanların tüm iyi hislerini anlatmasından hoşlanıyorum, çünkü hayvansal dışa vurum sebebiyle söyleseler bile tüm bunlarda Yaradan övgüsü görürüm. Tüm şarkılarımızın, şiirlerimizin, arzularımızın besini O"nun Işığının algısıdır. Üst Gücü edinmek bize, milyar kez büyük olan hazzı edinme ve bunu sürekli, mükemmel ve sonsuz bir şekilde yapma becerisi verir. Kabala bizim algımızı sonsuz geliştirir (Kabı büyütür), yani sınırsız ve istediğiniz kadar! Sevgi tüm edinimlerin doruğudur, kişi tüm evrenle bir olduğunda oluşan en yüksek algıdır.

Soru: Mutluluk nedir?

Mutluluk, insanın içsel yeteneklerinin farkına varmasıdır. Neyin farkına varması gerektiğini ve buna nasıl ulaşacağını anladığında, bu insana tam anlamıyla ifşa olur. Dahası, amacının ne olduğunu, nasıl ebedi olduğunu ve hiçbir şeye bağlı olmadığını anlar; dünyadaki tek ve en önemli şey onun tarafından şu anda idrak edilmektedir. Yani mutluluk, Yaradan''la yakınlığın algısıdır, çünkü bu Yaratılış amacıdır. Sonsuz mükemmelliğe doğru olan eylemin algısıdır.

Doyum nasıl gerçekleşir? Size bunun neyden oluştuğunu anlatayım. Kabala sadece bir insandan bahseder. Tüm dünya onun içindedir, yani kadın, erkek, çocuklar, ev, Yaradan, evren ve dünyanın tüm ulusları. Tüm bunlar bir insanın içindedir, fakat değişik formlarda ve değişik niteliklerde.

Kabala, insan diğer yarısını bulmalı ve bunu kendisine bağlamalı dediği zaman, onun ıslah olmuş kabını bulmak zorunda olduğuna işaret eder. Onu bulmalı ve onunla çalışmalıdır. Bunun anlamı yatakta veya mutfakta bir eş bulmalı demek değildir.

Eğer Kabala"nın tüm bunları soyut bir formda nasıl tarif ettiğini açıklarsak, o zaman aile ve evden bahsedemeyiz. Bu daha ziyade, kişinin içsel kabının yaratılmasına işaret eder veya Yaradan"ın dolduracağı ruhu işaret eder. Biz her zaman Yaradan"ı içimizde algılarız.

Etrafımızdaymış gibi algıladığımız bu dünya bile gizlilik derecesinde Yaradan algısıdır ve biz buna "Dünyamız" deriz.

Kişi içsel olarak kendini değiştirmeye başlar başlamaz ve manevî yola yöneldiği zaman, bu dünyanın arkasında onu kontrol eden, güçleri görmeye başlar. Bu şekilde büyük yükseklikler ve evrenin daha büyük bir hacmi, ona ifşa olur.

Bu sadece bir insanın ruhunu nasıl ifşa ettiğine bağlıdır. Hakikî algıyı edinmek için, ıslah ve ruhu hazırlama süreci metoduna, "Kabala" ya da "alma" denir. Bunun anlamı şudur, evrenin gerçek algısını almak. Evren tamamen, insana ifşa olduğunda, kendi üzerinde işleyen tek gücü ve birliği hisseder ve bu gücü "Yaradan" olarak adlandırır.

Baal HaSulam şöyle yazar: "Eğer kendimize hayatın anlamını, acılarımızın sebebini, neden hayatımızın bu kadar zor olduğunu sorarsak, kimsenin buna cevap veremediğini görürüz. Binlerce yıl boyunca, filozoflar, bilgeler ve daha pek çok insan denedi, ama bir cevap bulamadı. Dolayısıyla bugün, tıpkı binlerce yıl öncesinde olduğu gibi, aynı soruyla duruyoruz ve cevap veremiyoruz."

Cevabı ancak Yaradan"ı idrak ederek bulacağımızı söyler: "Yaradan"ın iyiliğini gel ve gör." Yaradan"ı kendiniz ifşa etmek zorundasınız. İfşa olduktan sonra, kendinizden geçip mükemmelliği, bilgiyi ve ebediyeti alırsınız. Bundan önce değil. Dolayısıyla eğer kişi seviyesinde bir bozukluk hissederse (Yaradan"ın ona bu hissi hangi şekilde gönderdiğinin bir önemi yoktur, çünkü acı da Yaradan"dan gelir) şunu anlamalıdır ki bu, O"na doğru gitmesi için Yaradan"ın kişiye olan çağrısıdır

www.ingramcontent.com/pod-product-compliance
Lightning Source LLC
Chambersburg PA
CBHW071035080526
44587CB00015B/2619